BEI GRIN MACHT SICH IHR WISSEN BEZAHLT

- Wir veröffentlichen Ihre Hausarbeit,
  Bachelor- und Masterarbeit

- Ihr eigenes eBook und Buch -
  weltweit in allen wichtigen Shops

- Verdienen Sie an jedem Verkauf

Jetzt bei www.GRIN.com hochladen
und kostenlos publizieren

Bibliografische Information der Deutschen Nationalbibliothek:

Die Deutsche Bibliothek verzeichnet diese Publikation in der Deutschen National-
bibliografie; detaillierte bibliografische Daten sind im Internet über http://dnb.d-
nb.de/ abrufbar.

Impressum:

Copyright © 2014 GRIN Verlag, Open Publishing GmbH
Druck und Bindung: Books on Demand GmbH, Norderstedt Germany
ISBN: 9783668381186

Dieses Buch bei GRIN:

http://www.grin.com/de/e-book/350648/that-s-me-steckbrief-und-dialog-englisch-
4-klasse

Linda Gödeke

"That's me". Steckbrief und Dialog (Englisch, 4. Klasse)

GRIN Verlag

GRIN - Your knowledge has value

Der GRIN Verlag publiziert seit 1998 wissenschaftliche Arbeiten von Studenten, Hochschullehrern und anderen Akademikern als eBook und gedrucktes Buch. Die Verlagswebsite www.grin.com ist die ideale Plattform zur Veröffentlichung von Hausarbeiten, Abschlussarbeiten, wissenschaftlichen Aufsätzen, Dissertationen und Fachbüchern.

Besuchen Sie uns im Internet:

http://www.grin.com/

http://www.facebook.com/grincom

http://www.twitter.com/grin_com

1. Unterrichtsreihe

1.1 Thema der Unterrichtsreihe

„That's me!" – Eine Unterrichtsreihe, in der die Schülerinnen und Schüler (SuS) englische Vokabeln zu verschiedenen Wortfeldern eines Steckbriefs (*my character, numbers, my family, my hobbies, my pets, food*) erarbeiten sowie mögliche Frage- und Antwortmöglichkeiten entwickeln. Die SuS wenden die Vokabeln und Redemittel in kommunikativen Situationen innerhalb eines Dialogs an und festigen ihre Ergebnisse in Form von Steckbriefen.

1.2 Kompetenzerwartungen und Ziele bezogen auf die Unterrichtsreihe

1.3 Aufbau der Unterrichtsreihe

	Datum/Zeit	Inhalt/Ziel
1.3.1	22.08.2014 90 Min.	*„Getting started"* – Kennenlernen des neuen Englischlehrers, der ergänzend, neu eingeführten Rituale und Methoden sowie das Vorstellen der Unterrichtsreihe *„That's me!"* und Bereitmachen für die *„Big Challenge"* anhand der Reihentransparenz
1.3.2	26.08.2014 90 Min.	*„Getting to know each other"* I – Erarbeitung und Sammlung von Steckbrief-Kategorien und deren Vokabeln in Form von Mindmaps und Wortlisten mit Zuhilfenahme von englischen Wörterbüchern, zur Ermittlung des Kenntnisstandes der SuS und als Grundlage zur Weiterarbeit
1.3.3	03.09.2014 10.09.2014 je 90 Min.	*„Getting to know each other"* II – Erarbeitung und Sammlung von konkreten Steckbrief-Fragen auf Grundlage der erarbeiteten Kategorien und Wortfeldern auf einem Plakat zur Erstellung eines Steckbriefes
1.3.4	17.09.2014	*„All about me in reality"* – Anfertigung eines eigenen Steckbriefs auf Grundlage

	90 Min.	der erarbeiteten Steckbrief-Kategorien und -Fragen mit anschließender Präsentation der Ergebnisse sowie die Einübung von Gesprächssituationen
1.3.5	18.09.2014	*„All about me in my dreams"* –
		Durchführung des Dialogs: Anwendung und
	45 Min.	Erweiterung des erlernten Wortschatzes und der
		Redemittel in Form eines Partnerdialogs mit
		anschließender Ergebnissicherung zur Festigung
		kommunikativer Gesprächssituationen
1.3.6	24.09.2014	*„Portfolio"* –
		Durchführung der *„Big Challenge"*, Aufzeigen des
	90 Min.	Lernfortschrittes und Einkleben des Steckbriefs in
		einem *„English Diary"* zur Überprüfung des Gelernten
		und zur Sicherung des Arbeitsergebnisses

2. Fachwissenschaftliche und fachdidaktische Überlegungen zum eingegrenzten Thema der Unterrichtsstunde

2.1 Bereich des Faches mit dem Schwerpunkt lt. Lehrplan

Die Unterrichtsstunde ist laut Lehrplan dem Erfahrungsfeld „auf den Flügeln der Fantasie" mit dem Schwerpunkt „fantasy worlds" zuzuordnen, da die SuS sich in eine fiktive Rolle hineinversetzen, um bekannte Gesprächsstrukturen mit neuen Inhalten zu füllen, die über das vorher Gelernte hinausgehen (MINISTERIUM, S. 76).

Im Fokus dieser Unterrichtsstunde steht der Bereich „Kommunikation – sprachliches Handeln" mit dem Schwerpunkt „Sprechen – an Gesprächen teilnehmen" (ebd., S. 73).

Darüber hinaus finden zusätzlich im Bereich „Verfügbarkeit von sprachlichen Mitteln" die Schwerpunkte „Wortschatz und Redemittel" (Neues mit bereits Gelerntem verknüpfen), „Orthografie" (Umgang mit dem Schriftbild) sowie „Hörverstehen/Hör-Sehverstehen" (einfaches Englisch verstehen) aus dem Bereich „Kommunikation – sprachliches Handeln" Beachtung. (ebd., S. 73-75).

2.2 Fachwissenschaftliche Analyse des ausgewählten Themas / des ausgewählten Lerninhalts

Der Dialog beinhaltet einen vorgegebenen Begrüßungs- und Verabschiedungssatz sowie folgende Fragen mit passenden Antworten in Form von gleichfarbigen Sprechblasen. Die Antworten müssen von den SuS in Bezug auf ihre fiktive Person ergänzt werden.

<u>Mögliche Fragen und Antworten:</u>

1) How old are you?   - I am ... year(s) old.
2) When is your birthday?   - My birthday is in ... .
3) Where do you live?   - I live in ... .
4) What's the colour of your hair?   - The colour of my hair is ... .
5) What's the colour of your eyes?   - The colour of my eyes is ... .
6) What are your hobbies?   - My hobbies are ... and ... .
7) Have you got brothers or sisters?   - Yes. I have got ... .
                                        - No. I haven't got brothers
                                          or sisters.
8) Have you got pets?   - Yes. I have got ... .
                                        - No. I haven't got pets.
9) What's your favourite colour?   - My favourite colour is ... .
10) What's your favourite food?   - My favourite food is ... .
11) What's your favourite ...?   - My favourite ... is ... .
12)_____   -_____

Als Differenzierungsmöglichkeit stehen den SuS leere Sprechblasen zur Verfügung, diese ermöglichen zusätzliche Fragen und Antworten für den Dialog. Die hier einzusetzenden Vokabeln wurden vorher gemeinsam erarbeitet. Die SuS haben zudem die Möglichkeit andere bekannte Vokabeln aus ihrem Wortschatz oder neue Vokabeln mithilfe des englischen Wörterbuchs auszuwählen und zu verwenden.

2.3 Ggf. Didaktische Reduktion

3

2.4 Fachdidaktische und methodische Begründung

Die Stunde beginnt mit einem für die SuS bekannten ritualisierten Einstieg. Rituale sind besonders wichtig, denn *„im Fremdsprachenunterricht unterstützen Rituale und ritualisierte Handlungen die Arbeit mit den SuS ganz besonders. Denn mittels bereits vertrauter Strukturen lassen sich neue Erfahrungen, neues Wissen und neue Erkenntnisse leichter er- und verarbeiten sowie Lern- und Entwicklungsprozesse einfacher in Gang setzen, unterstützen und begleiten"* (SCHMIDT, S.6).

Nach einem kurzen Begrüßungsspiel und der Erklärung der Aufgabe in der Arbeitsphase anhand eines Beispiels, arbeiten die SuS in Partnerarbeit weiter. *„Der fremdsprachliche Unterricht lebt von der gesprochenen Sprache"* (ebd., S. 7). Und genau hier liegt der Schwerpunkt der Unterrichtsstunde, auf einem Partner-Rollenspiel in Form eines Dialogs zu dem Thema *„That's me in my dreams"*. Die SuS tauschen sich mithilfe von vorgegebenen und bereits vertrauten Redewendungen, bzw. Frage- und Antwortmöglichkeiten, über die jeweils andere fiktive Person aus. Hierzu wählt jeder Partner für den jeweils anderen fünf Fragen mit den dazu passenden Antwortmöglichkeiten aus. Diese Antwortmöglichkeiten sind nicht vollständig und müssen von den SuS noch ausgefüllt werden. Auf Grundlage dieser Fragen und Antworten findet nun der Dialog mit dem Partner statt. Dies geschieht abwechselnd: Zu Beginn stellt ein Kind die Fragen und das andere Kind antwortet. Gibt der LAA das Signal zum Wechsel der Rollen, stellt nun das andere Kind die Fragen und das andere Kind beantwortet diese. Als Ergebnissicherung werden die ausgewählten Fragen und Antworten auf ein DIN A3 Blatt aufgeklebt, so dass das Ergebnis der Klasse präsentiert werden kann. Jedes Kind bekommt während der Partnerarbeit einen eigenen *„That's me in my dreams"*-Steckbrief als Arbeitsblatt.

Der Dialog an sich hat insofern einen Alltagsbezug, da es sich theoretisch um eine Situation aus der Lebenswelt der Kinder handelt. In einer realen Situation würden die Kinder sich die Antworten jedoch nicht aussuchen können, sondern würden diese in Bezug auf die eigene Person beantworten. Dadurch, dass die SuS sich in eine andere Person hineinversetzen dürfen, haben sie die Möglichkeit aus einem viel größeren Repertoire an bereits bekannten

Vokabeln zu schöpfen. Das bedeutet, die Kinder müssen nicht wahrheitsgemäß antworten mit *„No, I haven't got pets."*, sondern können ihrer Fantasie freien Lauf lassen und sagen *„I have got a crocodile, two monkeys and a blue horse"*.

3. Bezug zur Lerngruppe

3.1 Fachbezogene Lernvoraussetzungen und Differenzierung

Die Klasse XXX setzt sich aus XXX Jungen und XXX Mädchen zusammen, wobei alle SuS, mit der Ausnahme von einem Schüler, einen Migrationshintergrund aufweisen. Den SuS sind die Rituale und Vorgehensweisen im Englischunterricht geläufig, sie beteiligen sich motiviert und aktiv am Unterrichtsgeschehen und kommunizieren zunehmend mit bekannten Wörtern und Redewendungen.

Im Unterricht übernehmen die SuS immer mehr eigenständige Aufgaben, wie zum Beispiel das Erinnern an bestimmte Rituale oder Gesprächsstrukturen, das Einschätzen der aktuellen Lernsituation/Lernatmosphäre (positiv oder negativ) oder das Ändern des Datums.

Die SuS sind einen ritualisierten Englischunterricht gewohnt, in welchem sie angeleitet werden, zunehmend selbstständiger in Kleingruppen zu arbeiten und zu agieren, sich auszutauschen und miteinander zu kommunizieren.

Übergänge zwischen den einzelnen Handlungssituationen verlaufen zunehmend flüssiger und schneller. Die SuS bemühen sich, in ganzen Sätzen zu antworten.

Den SuS ist der Austausch (stellen von Fragen und deren Beantwortung zur eigenen Person) mit einem bzw. unterschiedlichen Partnern bereits aus vorherigen Englischstunden bekannt. Die Umsetzung eines Dialogs in dieser Form wurde bisher nicht gemeinsam durchgeführt. Aus diesem Grund wird den SuS anhand eines Beispiels die Durchführung des Dialogs aufgezeigt. Die SuS erhalten als Hilfestellung Arbeitsblätter mit vorgegebenem Begrüßungs- und Verabschiedungssatz sowie Sprechblasen zu den einzelnen Frage- und Antwortmöglichkeiten, aus denen sie auswählen können. Leere Sprechblasen bieten an dieser Stelle eine zusätzliche Differenzierungsmöglichkeit, neben der Auswahl an Fragen und den Einsetzungsmöglichkeiten bei den Antworten.

Bei einem Schüler ist die Teilnahme am Unterricht aufgrund traumatischer Kindheitserlebnisse nur in Begleitung einer Integrationskraft möglich. XXX fehlt häufig krankheitsbedingt im Unterricht. Er weist aus diesem Grund Lücken im Lernprozess auf und kann daher nicht immer dem Unterrichtsgeschehen folgen. Seine Teilnahme am Unterricht ist stark tagesformabhängig. Er fällt häufig auf, sei es durch laute Geräusche oder unfreundliches Verhalten anderen Kindern gegenüber. Dies wird von der Lerngruppe meist ignoriert oder aufgefangen. Die Arbeit mit einem Partner bzw. in Gruppen ist für ihn nur eingeschränkt möglich.

Bei XXX wurde ein Verfahren eröffnet, welches prüft, ob ein sonderpädagogischer Förderbedarf im Bereich der sozial-emotionalen Entwicklung besteht.

3.2 Erwartete Lernergebnisse

Minimalziel der Unterrichtsstunde: Die SuS wählen aus den angebotenen Sprechblasen fünf Fragen mit passenden Antworten (zusammengehörige Fragen und Antworten haben die gleiche Farbe) aus, welche sie in Partnerarbeit mithilfe der Gesprächsstruktur (DIN A3 Arbeitsblatt) in einen Dialog einbauen. Dabei sprechen sie in ganzen Sätzen. Bei der Beantwortung der Fragen wenden die SuS den ihnen bekannten Wortschatz an und tragen diesen in die Sprechblasen ein. Als Ergebnissicherung werden die ausgewählten Fragen und Antworten in Form von Sprechblasen auf dem Arbeitsblatt festgeklebt.

Maximalziel der Unterrichtsstunde: Bei der Auswahl der Fragen und Antworten greifen die SuS auf die leeren Sprechblasen zu und notieren sich eigene Frage- und Antwortmöglichkeiten. Die SuS präsentieren ihren Dialog vor der Klasse, benötigen ggf. nicht mehr die Hilfe durch das Arbeitsblatt, sondern können eigenständig ihren Dialog mit Fragen und Antworten wiedergeben.

3.3 Fachbezogene Ziele der Unterrichtsstunde

a) Schwerpunktziel:

Die SuS verwenden eingeführte Redemittel (Fragen und Antworten zu ihrer bzw. einer anderen Person) in Form eines Dialogs, um diese zu festigen, zunehmend zu verinnerlichen und um ihre kommunikativen Fähigkeiten und Fertigkeiten sowie das sprachliche Handeln zu trainieren und weiterzuentwickeln.

b) Einzelziele:

Die SuS...

EZ 1: ... gewinnen durch gewohnte Einstiegsrituale und das Aufzeigen der Stundentransparenz Sicherheit in der Fremdsprache und stellen sich auf den Englischunterricht ein.

EZ 2: ... stimmen sich durch ein Begrüßungsspiel auf den Dialog ein.

EZ 3: ... lernen den Ablauf und die sprachliche Struktur des Dialogs anhand eines Beispiels kennen und gewinnen Handlungssicherheit.

EZ 4: ... können mit einem Partner einen Dialog mit vorgegebener Gesprächsstruktur (Auswahl von fünf Fragen) führen.

EZ 5: ... stellen mit Hilfe der Materialien geeignete Fragen zu einer anderen Person, um etwas über sie in Erfahrung zu bringen (Name, Alter, Geschwister, Hobbies, Haustiere, ...).

EZ 6: ... können mit Hilfe der Materialien Aussagen zur eigenen, fiktiven Person machen (Name, Alter, Geschwister, Hobbies, Haustiere, ...).

EZ 7: ... wenden Vokabeln aus den erarbeiteten Wortfeldern an und verwenden darüber hinaus bekannte Vokabeln, indem sie diese in den Dialog einbauen.

EZ 8: ... präsentieren den erarbeiteten Dialog oder folgen der Präsentation einer anderen Gruppe.

EZ 9: ... schätzen ihre sprachliche Leistung der Stunde anhand der *Skalierungsmethode* ein.

c) Wörtliche Formulierung des Arbeitsauftrags:

- *„Imagine you are someone else. Ask questions to get to know each other."*
  - Act out the dialogue together with your partner.
  - Choose 5 questions and glue them onto your worksheet.
  - Change roles when teacher gives the signal.
  - *Maybe: Present your dialogue to the class.*

7

Wörtliche Formulierung des Reflexionsauftrags:

- *Maybe: „Who would like to present the dialogue to the class?"*
- "How much English have you spoken today?"

4. Verlaufsplanung der Unterrichtsstunde

1. Handlungssituation: Einstieg

Zeit	Handlungsschritte	Material / Medien	Sozialform
ca. 10 Min.	· Begrüßungsritual 　· Good morning song 　· Saying hello 　· Choosing the chief 　· Date · Einordnung der Stunde in die Unterrichtsreihe · Erläuterung der Stundentransparenz	English nicknames, Sprechblasen Datumskarten, Reihentransparenz, Stundentransparenz	Sitzkreis Theaterkreis

Lernzuwachs bezogen auf die fachliche Kompetenz: EZ 1, EZ 2

2. Handlungssituation: Arbeitsphase

Zeit	Handlungsschritte	Material / Medien	Sozialform
ca. 20 Min. * + 5 Min.	· Formulierung des Arbeitsauftrags anhand eines Beispiels durch den LAA und Wiederholung durch die SuS (ggf. auf Deutsch) · Formulierung des Reflexionsauftrags · LAA führt Dialog zusammen mit einem SuS vor · SuS setzen den Arbeitsauftrag um und führen den Dialog selbstständig durch · LAA kündigt Ende der Arbeitsphase durch Lied an	Arbeitsauftrag, Reflexionsauftrag, Boxen mit Sprech- blasen, Klebe- punkte, DIN A3 Arbeitsblätter, English dictionaries Zusätzlich: Poster mit Wort- feldern, Steckbrief- fragen (Wand)	Theaterkreis Partnerarbeit

Lernzuwachs bezogen auf die fachliche Kompetenzen: EZ 3, EZ 4, EZ 5, EZ 6, EZ 7

3. Handlungssituation: Reflexionsphase

Zeit	Handlungsschritte	Material / Medien	Sozialform
ca. 15 Min. * - 5 Min.	· Präsentation von Arbeitsergebnissen einer oder mehrerer Gruppe/n · Skalierungsmethode · Ausblick und ritualisierte Verabschiedung	Arbeitsergebnisse Karten für Skalierungsmethode	Sitzkreis

Lernzuwachs bezogen auf die fachliche Kompetenzen: EZ 8, EZ 9

* + - 5 Min. – Hängt von den Arbeitsergebnissen der Stunde ab
- wenn Gruppen vorstellen: Arbeitsphase ca. 20 Min., Reflexionsphase ca. 15 Min.
- wenn Gruppen nicht vorstellen: Arbeitsphase ca. 25 Min., Reflexionsphase ca. 10 Min.

5. Literatur

- MINISTERIUM für Schule und Weiterbildung des Landes NRW: Richtlinien und Lehrpläne für die Grundschule in Nordrhein-Westfalen. Ritterbach Verlag GmbH, Frechen, 2008
- SCHMIDT, Jochen (2011): Rituale im Englischunterricht der Grundschule. Persen, Buxtehude.

6. Anhang

- Arbeitsblatt Dialog (DIN A3)
- Sprechblasen - Fragen und Antworten

That's me in my dreams

Hello.
My name is _____.
What's your name?

Hello.
My name is _____.

How are you?

I am _____.
How are you?

I am _____, thanks.

Nice to meet you.
Have a nice day.
Goodbye!

Nice to meet you, too.
Have a nice day.
Bye-bye!

Possible questions

How old are you?

When is your birthday?

Where do you live?

What's the colour of your hair?

What's the colour of your eyes?

What are your hobbies?

Have you got brothers or sisters?

Have you got pets?

What's your favourite colour?

What's your favourite food?

What's your favourite _____?

_____
_____
_____?

Possible answers

I am _____ year(s) old.

My birthday is in _____.

I live in _____.

The colour of my hair is _____.

The colour of my eyes is _____.

My hobbies are _____
_____
_____.

Yes, I have got _____ brother(s) and _____ sister(s).

No, I haven't got brothers or sisters.

Yes, I have got _____
_____.

No, I haven't got pets.

My favourite colour is _____.

My favourite food is _____
_____.

My favourite _____
_____

_____
_____
_____